¿CÓMO CRECEN LOS PLÁTANOS?

Kathleen Connors
Traducido por Diana Osorio

Gareth Stevens
PUBLISHING

Please visit our website, www.garethstevens.com. For a free color catalog of all our high-quality books, call toll free 1-800-542-2595 or fax 1-877-542-2596.

Library of Congress Cataloging-in-Publication Data
Names: Connors, Kathleen, author.
Title: ¿Cómo crecen los plátanos? / Kathleen Connors.
Description: New York : Gareth Stevens Publishing, [2022] | Series: ¿Cómo
    Crece? | Includes index.
Identifiers: LCCN 2020011774 | ISBN 9781538268070 (library binding) | ISBN
    9781538268056 (paperback) | ISBN 9781538268063 (6 Pack) | ISBN 9781538268087
    (ebook)
Subjects: LCSH: Bananas–Juvenile literature. | Bananas–Life
    cycles–Juvenile literature.
Classification: LCC SB379.B2 C66 2022 | DDC 634/.772–dc23
LC record available at https://lccn.loc.gov/2020011774

First Edition

Published in 2022 by
Gareth Stevens Publishing
111 East 14th Street, Suite 349
New York, NY 10003

Translator: Diana Osorio
Editor, Spanish: Rossana Zúñiga
Designer: Katelyn E. Reynolds

Photo credits: Cover, p. 1 pp1/Shutterstock.com; p. 5 bbostjan/E+/Getty Images; p. 7 Kriangkrai Thitimakorn/ Moment / Getty Images Plus; p. 9 Gheorhge/ iStock / Getty Images Plus; p. 11 amnachphoto/ iStock / Getty Images Plus; pp. 13, 24 (leaves) Thissatan/ iStock / Getty Images Plus; pp. 15, 24 (flowers) Uros Ravbar/ Lonely Planet Images / Getty Images Plus; p. 17 Wolfgang Kaehler/LightRocket via Getty Images; pp. 19, 24 (harvest) Alex Craig/ Photolibrary / Getty Images Plus; p. 21 Hispanolistic/E+/Getty Images; p. 23 bhofack2/ iStock / Getty Images Plus.

Printed in the United States of America

Some of the images in this book illustrate individuals who are models. The depictions do not imply actual situations or events.

CPSIA compliance information: Batch #CSGS22: For further information contact Gareth Stevens, New York, New York at 1-800-542-2595.

Find us on

Contenido

¡Los plátanos son deliciosos!
¿Cómo crecen?

Crecen en lugares cálidos.
Se cultivan
en granjas o fincas.

7

Crecen como parte
de otra planta de plátano.

Se plantan en la tierra.
Necesitan mucha agua.

La raíz y las hojas crecen.
Las hojas crecen juntas.
¡Se parecen al tronco
de un árbol!

Las plantas crecen
muy alto.
Crecen flores de ellas.

15

Algunas se convierten
en plátanos.
Al principio son verdes.

Los plátanos se cortan desde la planta. ¡Esta es la cosecha!

La mayoría de los plátanos se vuelven amarillos. ¡Están listos para comer!

Los plátanos rojos
tienen cáscara roja.
Su sabor es dulce.

Palabras que debes aprender

flor

cosecha

hojas

Índice